AF081033

www.ingramcontent.com/pod-product-compliance
Lightning Source LLC
LaVergne TN
LVHW010609070526
838199LV00063BA/5122

9789358728422

دس عالم شعراء
(تذکرہ)

ظہیر دانش عمری

© Zaheer Danish Umri

Dus Aalim Shora (Tazkara)
by: Zaheer Danish Umri
Edition: April '2024
Publisher :
Taemeer Publications LLC (Michigan, USA / Hyderabad, India)

ISBN 978-93-5872-842-2
9 789358 728422

مصنف یا ناشر کی پیشگی اجازت کے بغیر اس کتاب کا کوئی بھی حصہ کسی بھی شکل میں بشمول ویب سائٹ پر اَپ لوڈنگ کے لیے استعمال نہ کیا جائے۔ نیز اس کتاب پر کسی بھی قسم کے تنازع کو نمٹانے کا اختیار صرف حیدرآباد (تلنگانہ) کی عدلیہ کو ہو گا۔

© ظہیر دانش عمری

کتاب	:	**دس عالم شعراء** (تذکرہ)
مصنف	:	**ظہیر دانش عمری**
مصنف موبائل	:	00919701065617
پروف ریڈنگ / تدوین	:	اعجاز عبید
صنف	:	تذکرہ
ناشر	:	تعمیر پبلی کیشنز (حیدرآباد، انڈیا)
سالِ اشاعت	:	۲۰۲۴ء
صفحات	:	۷۲
سرورق ڈیزائن	:	تعمیر ویب ڈیزائن

فہرست

(۱)	مولانا ابو الکلام آزادؔ	7
(۲)	مولانا الطاف حسین حالیؔ	14
(۳)	سائل دہلوی	22
(۴)	علامہ شاکر نائطی	28
(۵)	مولانا شوق دہلوی مکی	34
(۶)	عامر عثمانی	40
(۷)	علیم اختر مظفر نگری	46
(۸)	ماہرؔ القادری	51
(۹)	حسرت موہانی	58
(۱۰)	خواجہ میر دردؔ	65

انتساب

میرے پیارے دوستوں
اعظم اعظمی، عارف الحق، جاوید اختر، شاکر امتیازی اور
عبدالغفار زاہد کے نام

کہ

اللہ تعالیٰ ان کو خوب علم سے خوب نوازے

ظہیر دانش عمری

مولانا ابو الکلام آزادؔ

(۱۸۸۸ء-۱۹۵۸ء)

مولانا آزاد یقیناً اپنے دور کے نابغہ تھے۔ بہت کم عمری میں انہوں نے شہرت کی بلندیوں کو چھو لیا تھا۔ آپ جامع الکمالات شخصیت تھے۔ آپ نے ایک زندگی میں جتنے کارنامے انجام دئے ہیں شاید ہی کوئی دوسرا شخص کئی زندگیاں پاکر بھی اتنے کارنامے انجام نہیں دے سکتا۔ ان کا خاص وصف یہ تھا کہ جس میدان میں بھی قدم رکھتے اپنا لوہا منوا کر دم لیتے۔

والد محترم مولانا خیر الدین (۱۸۳۱۔۱۹۰۸) نے انگریزوں کے ظلم و ستم سے بد دل ہو کر مکۂ معظمہ کی طرف ہجرت کی۔ جہاں عرب بیوی عالیہ مرحومہ کے بطن سے ۱۸۸۸ء میں مولانا ابو الکلام آزادؔ پیدا ہوئے۔ آپ کا تاریخی نام فیروز بخت تھا۔ مولوی خیر الدین نے ۱۸۹۸ء میں ہندوستان کو وطن ثانی بنایا اور کلکتہ میں سکونت اختیار کی۔ مولانا ۱۳سال کی عمر میں درس نظامی اور دیگر کتب متداولہ کی تدریس سے فارغ ہو چکے تھے اور آپ نے اسی عمر میں دینی علوم، طب و فلسفہ وغیرہ میں قابل رشک استعداد پیدا کرلی۔

مولانا نے ابتداء عمری میں شاعری کی اور کچھ غزلیں کہیں۔ امیر مینائی اور داغ دہلوی سے اصلاح لی۔ ”ارمغان فرخ“ ممبئی میں مولانا آزاد کی پہلی غزل شائع ہوئی۔ کہا

جاتا ہے کہ ایک صاحب کو مولانا آزاد کے شاعر ہونے میں شک تھا۔ چنانچہ ایک موقعے پر انہوں نے مولانا کو ایک طرحی مصرعہ دیا اور کہا کہ اس مصرعے پر اگر تم غزل کہہ دوگے تو میں تمھاری قابلیت کو مان جاؤں گا۔ کچھ ہی دیر میں مولانا نے ایک مرصع غزل حاضر کر دی۔ ان صاحب نے بے اختیار کہا ”قسم سے صاحبزادے !یقین نہیں ہوتا کہ تم نے ہی غزل کہی ہے“۔

۱۶سال کی عمر سے ہی ان کے مضامین ”مخزن“ لاہور“ احسن الأخبار“ کلکتہ اور ”مرقع عالم“ ہردوئی میں شائع ہونے لگے۔ اور یہیں سے مولانا کے علم و فضل کی خوشبو پورے ہندوستان میں مشک و عنبر کی طرح پھیلتی چلی گئی۔ آپ نے ”الہلال“ اور ”البلاغ“ جیسے دو رسالے شائع کئے۔ جو صحافت کی دنیا کے دو جگمگاتے ستارے تھے اور یہ ستارے مسلمانوں کے ذہنوں کو جلا بخشنے کے ساتھ ساتھ آزادیِ ہند میں ان کی صحیح رہنمائی کا فریضہ بھی انجام دیا کرتے تھے۔

مولانا نے آزادی کی جد و جہد میں اپنے قلم اور عمل کے ذریعے بھرپور حصہ لیا۔ کبھی اسیر زنداں ہوئے۔ کبھی اخبار کی ضمانت ضبط ہونے پر بھاری جرمانہ ادا کیا۔ لیکن اپنے موقف سے بال برابر بھی نہیں ہٹے۔ اور اپنے نظریات میں ذرا بھی تبدیلی گوارا نہیں کی۔

مولانا بڑی خوبصورت نثر لکھتے تھے اتنی خوبصورت اور لاجواب نثر کہ مت پوچھیں! آپ کی نثر شاعروں کو بھی شرمسار کر دیتی تھی۔ مولانا حسرت موہانی کا یہ شعر مولانا کی نثر کی تابناکیوں کا اندازہ لگانے کے لئے کافی ہے۔

جب سے دیکھی ابوالکلام کی نثر
نظم حسرت میں کچھ مزا نہ رہا

مولانا کو فارسی اور عربی ادب کا اچھا خاصا مطالعہ تھا۔ یہی وجہ ہے وہ اپنی نثر کے دوران عربی و فارسی اشعار، قرآنی آیات اور احادیث کے ٹکڑے بے دھڑک استعمال کرتے تھے۔ کبھی اتنی برجستگی اور بے ساختگی سے کہ دل سے واہ واہ نکل جاتی تھی۔ ایسا لگتا تھا کہ گویا یہ قرآنی آیت ابھی نازل ہوئی ہے۔ "غبار خاطر"، "تذکرہ"، "ترجمان القرآن" مولانا آزاد کے ایسے نثری شاہکار ہیں کہ جن کی مثال دنیا آج بھی دینے سے قاصر ہے۔

مولانا آزاد کا حوصلہ بحر بحر تھا۔ وہ جس کام کا بھی ارادہ کرتے پنجے جھاڑ کر اس کے پیچھے لگ جاتے۔ پھر چاہے طوفان آئے، آندھی چلے، زلزلے آئیں وہ اپنے ارادے سے ذرہ برابر بھی پیچھے ہٹنے والے نہیں تھے۔

مولانا اپنے ہم عصروں میں ممتاز حیثیت کے حامل تھے۔ ان کی شہرت سے ہندوستان کا چپہ چپہ مہک اٹھا۔ ان کی حد سے بڑھی ہوئی شہرت کے سبب ان کے کئی حاسدین پیدا ہو گئے تھے لیکن مولانا آزاد نے اپنے کسی حاسد کو کوئی جواب نہیں دیا۔ آپ کا انتقال ۱۹۵۸ء کو ہوا۔

٭ ٭ ٭

مولانا آزاد کی غزلیں

(۱)

ہے عکس روئے یار دل داغ دار میں
کچھ تیرگی نہیں ہے ہمارے مزار میں
کچھ ایسے محو ہو گئے اقرار یار میں

لطف انتظار کا نہ ملا انتظار میں

دوچند اس سے حسن پہ ان کو غرور ہے
جتنا نیاز و عجز ہے مجھ خاکسار میں

وہ پیاری پیاری شکل وہ انداز دل فریب
رہتا نہیں ہے دیکھ کے دل اختیار میں

ایسی بھری ہیں یار کے دل میں کدورتیں
نامہ لکھا ہے مجھ کو تو خط غبار میں

ہم کچھ وصف کاکل پیچاں نہ لکھ سکے
مضموں الجھ رہے ہیں قلم مشکبار میں

کچھ بھی نہ اس کی وعدہ خلافی کا رنج ہو
آجائے موت ہی جو شب انتظار میں

اے موت تو ہی آنہ آئیں گے وہ کبھی
آنکھیں ہیں اک عرصے سے وا انتظار میں

سمجھو کہ کس کو کہتے ہیں تکلیف انتظار
بیٹھو کبھی جو دیدۂ خونابہ یار میں

سودائے زلف و رخ میں غضب کا ہے انتظار
اب آگئے ہیں گردش لیل و نہار میں

بیٹھے ہیں آج آپ تو پہلو میں غیر کے
ہم ہوں گے کل عروس اجل کے کنار میں

مٹ کر ہوں خاک سرمہ کی مانند بھی اگر

پھر بھی کبھی سمائیں نہ ہم چشم یار میں
کہنے لگے کہ آپ کی نیت تو ٹھیک ہے
بیتاب مجھ کو دیکھ کے بوس و کنار میں
شکوہ کریں تو کیا کریں جور و جفا کا ہم
سب عمر کٹ گئی ستم روزگار میں
مرنے کے بھی ہے وہی کشمکش خدا
میں قبر میں ہوں دل مرا ہے کوئے یار میں
تقدیر کے لکھے کو مٹانا محال ہے
کیا دخل ہے مشیت پروردگار میں
بجلی سی کوند جاتی ہے گھونگھٹ کی آڑ میں
کیا شوخیاں ہیں اس نگہ شرمسار میں
دعوائے عاشقی پہ یہ کہنے لگا وہ بت
اللہ کی شان! آپ بھی ہیں اس شمار میں
پامال کیجئے گا سمجھ کر خدا اسے
ہے آپ ہی کا گھر دل بے اختیار میں
سودا نیا، جنوں ہے نیا، ولولے نئے
اب اور ہی بہار ہے اب کے بہار میں
دل پر لگی وہ چوٹ کہ اف کر کے رہ گئے
ٹوٹا جو گر کے جام کوئی بزم یار میں
گر ان پہ اختیار نہیں ہے نہیں سہی

غم ہے یہی دل بھی نہیں اختیار میں
اے دل خدا کی یاد میں اب صرف عمر ہو
کچھ کم پھرے صنم کدۂ روزگار میں

(۲)

کیوں اسیر گیسوئے خم دار قاتل ہو گیا
ہائے کیا بیٹھے بٹھائے تجھ کو اے دل ہو گیا
کوئی نالاں، کوئی گریاں، کوئی بسمل ہو گیا
اس کے اٹھتے ہی دگر گوں رنگ محفل ہو گیا
انتظار اس گلی کا اس درجہ کیا گلزار میں
نور آخر اس گلی میں دیدۂ نرگس کا زائل ہو گیا
اس نے تلواریں لگائیں ایسے کچھ انداز سے
دل کا ہر ارماں فدا اے دست قاتل ہو گیا
قیس مجنوں کا تصور جب بڑھ گیا نجد میں
ہر بگولہ دشت کا لیلیٰ محمل ہو گیا
یہ بھی قیدی ہو گیا آخر کمند زلف کا
لے اسیروں میں ترے آزادؔ شامل ہو گیا

(۳)

ان شوخ حسینوں کی ادا اور ہی کچھ ہے

اور ان کی اداؤں میں مزا اور ہی کچھ ہے
یہ دل ہے مگر دل میں بسا اور ہی کچھ ہے
دل آئینہ ہے جلوہ نما اور ہی کچھ ہے
ہم آپ کی محفل میں نہ آنے کو نہ آتے
کچھ اور ہی سمجھے تھے ہوا اور ہی کچھ ہے
بے خود بھی ہیں ہشیار بھی ہیں دیکھنے والے
ان مست نگاہوں کی ادا اور ہی کچھ ہے
آزاد ہوں اور گیسوئے پیچاں میں گرفتار
کہہ دو مجھے کیا تم نے سنا اور ہی کچھ ہے

***

مولانا الطاف حسین حالیؔ

(۱۸۳۷ء۔ ۱۹۱۴)

شیفتہ اور غالب کے شاگرد مولانا الطاف حسین حالی ۱۸۳۷ء میں بمقام پانی پت پیدا ہوئے۔ سلسلہ نسب حضرت عبد اللہ انصاری سے جا ملتا ہے۔ والد کا نام خواجہ ایزد بخش تھا۔ ۱۸۵۷ء میں تعلیم کی غرض سے دہلی تشریف لائے۔ مرزا غالب کی شہرت پہلے سے سن رکھی تھی دل میں غالب کی شاگردی اختیار کرنے خواہش بھی انگڑائیاں لے رہی تھی۔ چنانچہ غالب کی شاگردی اختیار کر لی۔ غالب سے ملاقاتوں کا سلسلہ چل نکلا۔ چھوٹی ملاقاتیں طویل ملاقاتوں کی شکل اختیار کرنے لگیں۔ حالی نے ایک مرتبہ اصلاح کی غرض سے کلام دکھایا تھا تو غالب نے کہا تھا: ”اگرچہ میں کسی کو فکر سخن کی صلاح نہیں دیا کرتا لیکن تمھاری نسبت میرا یہ خیال ہے کہ اگر تم شعر نہیں کہو گے تو اپنی طبیعت پر ظلم کرو گے“۔

۱۹۰۴ء میں شمس العلماء کا خطاب آپ کو عطا کیا گیا۔ ان کا دل اصلاح معاشرہ کی طرف مائل تھا، مسلمانوں کی گرتی ہوئی حالت کو دیکھ کر کڑھتا تھا۔ وہ سوچتے تھے مسلمانوں کی اس گرتی ہوئی حالت میں بہتری کیسے پیدا کی جا سکتی ہے۔ مسلمانوں میں بیداری کیسے لائی جا سکتی ہے۔ یہی وہ جذبہ تھا جس نے ان کو مسدس حالیؔ المعروف بہ مدو جزر اسلام لکھنے پر مائل کیا۔ ان کا عقیدہ تھا کہ اصلاحی اور مذہبی شاعری ہی اصل شاعری ہے۔ بے مقصد شاعری کسی کام کی نہیں۔ وہ سمجھ چکے تھے کہ ادب کی اصل مقصدیت

ہے۔ مقصدیت کے بغیر ادب کی کوئی حیثیت نہیں ہے۔ بے مقصد ادب بے کار ادب ہے گویا چند بے جان الفاظ کا مجموعہ۔

اپنے کلام کے ساتھ انہوں نے جو مقدمہ لکھا ہے وہ الگ سے کتابی شکل میں شائع ہو چکا ہے۔ جس کا عنوان ہے "مقدمہ شعر و شاعری" یہ کتاب اردو تنقید کی پہلی باقاعدہ کتاب تسلیم کی جاچکی ہے۔ مولانا نے اس کتاب میں جو اصول پیش کئے ہیں ان کی آج بھی وہی اہمیت ہے جو پہلے تھی۔ ان کی ملازمت ہی ایسی تھی کہ اچھی خاصی انگریزی کی کتابیں ان کے مطالعے میں آتی چلی گئیں۔ اور اپنے اس مطالعے سے انہوں نے اچھا کام لیا۔

مولانا بڑے ہی سادہ مزاج خوش خلق اور اپنے چھوٹوں سے محبت کرنے والے تھے۔ وہ اپنے ملنے جلنے والوں کا خاص خیال رکھتے تھے۔ مولوی عبدالحق نے لکھا ہے:

"مولانا کی سیرت میں دو ممتاز خصوصیتیں تھیں۔ ایک سادگی دوسری درد دل۔ اور یہی شان ان کے کلام میں ہے۔ ان کی سیرت اور ان کا کلام ایک ہے۔ یا یوں سمجھئے وہ ایک دوسرے کا عکس ہیں۔ مجھے اپنے زمانے کے بعض نامور اصحاب اور اپنی قوم کے اکثر بڑے بڑے شخصیتوں سے ملنے کا اتفاق ہوا ہے۔ لیکن مولانا حالی جیسے پاک سیرت اور خصائل کا بزرگ ابھی تک مجھے نہیں ملا"

(چند ہم عصر۔ از: مولوی عبدالحق، صفحہ: ۱۶۱۔ ایڈیشن: ۱۹۵۹ء)

مولانا حالی نے بہت سی تصانیف یادگار چھوڑی ہیں۔ جیسے: یادگار غالبؔ، حیات جاوید، مسدس حالیؔ، دیوان حالیؔ، شکوۂ ہند مناظرۂ تعصب و انصاف، رحم انصاف، برکھا رت، نشاط امید اور حب وطن۔

یادگار غالب بڑے اونچے مرتبے کی کتاب ہے۔ جو پہلی مرتبہ نامی پریس کانپور سے ۱۸۷۹ء میں شائع ہوئی۔ اس کا دوسرا ایڈیشن محمڈن کالج بکڈپو نے حالیؔ کی اجازت سے

مکتبۂ فیض عام لکھنو سے شائع کیا۔ یہ کتاب ان کی غالب سے حد درجہ عقیدت کی غماز ہے۔ اس کتاب میں حالی نے غالب کے فن شعر پر غالب ہونے کے ثابت کرنے میں صرف کیا۔ مالک رام نے یادگار غالب (۱۹۹۷ء) کے مقدمے میں اس بات کی اشارہ کیا ہے:

"حقیقت یہ ہے کہ حالی نے یہ کتاب غالب کی سوانح عمری کے لئے نہیں لکھی تھی۔ ان کے نزدیک یہ ثانوی بات تھی۔ اصل میں وہ غالب کی شعری و ادبی حیثیت اور اس میدان میں ان کی بلند پائیگی ثابت کرنا چاہتے تھے"

(یادگار غالب، (مقدمہ از: مالک رام) مطبوعہ: ستمبر ۱۹۹۷)

حالی سر سید احمد خان کی تحریک سے بے حد متاثر تھے۔ یہی وجہ ہے کہ انہوں نے سر سید کی حیات "حیات جاوید" کے نام سے لکھی۔ حالی سر سید سے اس لئے متاثر تھے کہ دونوں کے خیالات ایک تھے دونوں اپنی قوم کو ترقی کرتا ہوا دیکھنا چاہتے تھے۔ ابھرتا ہوا اور دنیا سے اپنا آپا منواتا ہوا دیکھنا چاہتے تھے۔ ایسے وقت میں حالی سر سید کی سرگرمیوں سے متاثر ہوئے تو یہ کوئی تعجب خیز امر نہیں ہے۔

مولانا حالیؔ نے ابتداء میں روایتی طرز کی غزلیں کہی ہیں۔ مگر آگے چل کر ان کا قلم اصلاح قوم کی طرف مائل ہو گیا۔ شعری و نثری پیرایۂ بیان میں انہوں نے اچھی خاصی مہارت حاصل کی۔ اور اپنے دور میں شاعری کی بدولت اچھے خاصے معروف ہوئے۔ ۱۹۱۴ء میں آپ کا انتقال ہوا۔

***

الطاف حسین حالی کی غزلیں

(۱)

اے عشق تو نے اکثر قوموں کو کھا کے چھوڑا
جس گھر سے سر اٹھایا اس کو بٹھا کے چھوڑا
ابرار تجھ سے ترساں احرار تجھ سے لرزاں
جو زد پہ تیری آیا اس کو بٹھا کے چھوڑا
کیا منعموں کی دولت، کیا زاہدوں کا تقوی
جو گنج تو نے تاکا اس کو لٹا کے چھوڑا
فرہاد کوہکن کی لی تو نے جان شیریں
اور قیس عامری کو مجنوں بنا کے چھوڑا
یعقوب سے بشر کو دی تو نے ناصبوری
یوسف سے پارسا پر بہتاں لگا کے چھوڑا
عقل و خرد نے تجھ سے کچھ چپقلش جہاں کی
عقل و خرد کا تو نے خاکہ اڑا کے چھوڑا
افسانہ تیرا رنگیں روداد تیری دلکش
شعر و سخن کو تو نے جادو بنا کے چھوڑا
اک دسترس سے تیری حالی بچا ہوا تھا
اس کے بھی دل پہ آخر چرکا لگا کے چھوڑا

(۲)

دل سے خیال دوست بھلایا نہ جائے گا

سینے میں داغ ہے کہ مٹایا نہ جائے گا
تم کو ہزار شرم سہی مجھ کو ہزار ضبط
الفت وہ راز ہے کہ چھپایا نہ جائے گا
اے دل رضائے غیر ہی شرط رضائے دوست
زنہار بار عشق اٹھایا نہ جائے گا
راضی ہیں ہم کہ دوست سے ہو دشمنی مگر
دشمن کو ہم سے دوست بنایا نہ جائے گا
کیوں چھیڑتے ہو ذکر نہ ملنے کا رات کے
پوچھیں گے ہم سبب تو بتایا نہ جائے گا
جھگڑوں میں اہل دیں کے نہ حالیؔ پڑیں بس آپ
قصّہ حضور سے یہ چکایا نہ جائے گا

(۳)

جب سے سنی ہے تیری حقیقت چین نہیں اک آن ہمیں
اب نہ سنیں گے ذکر کسی کو آگے کو ہوئے کان ہمیں
پاس انہیں گر اپنا ذرا ہو، جاں اپنی بھی ان پہ فدا ہو
کرتے ہیں خود نامنصفیاں، اور کہتے ہیں نافرمان ہمیں
داد طلب سب غیر ہوں جب تو، ان میں کسی کا پاس نہ ہو
بتلائی ہے زمانے نے انصاف کی یہ پہچان ہمیں
یہاں تو بدولت زہد و ورع نبھ گئی خاصی عزت سے

بن نہ پڑا پر کل کے لئے جو کرنا تھا سامان ہمیں
سُر تھے وہی اور تال وہی پر راگنی کچھ بے وقت سی تھی
غل بہت یاروں نے مچایا پر گئے اکثر مان ہمیں
غیر سے اب وہ بیر نہیں اور یار سے اب وہ پیار نہیں
بس کوئی دن کا اب حالیؔ یہاں سمجھو اب مہمان ہمیں

(۴)

دل کو درد آشنا کیا تو نے
درد دل کو دوا کیا تو نے
طبع انساں کو دی سرشت وفا
خاک کو کیمیا کیا تو نے
ناؤ بھر کر جہاں ڈبوئی تھی
عقل کو ناخدا کیا تو نے
جب ہوا ملک و مال رہزن ہوش
بادشہ کو گدا کیا تو نے
جب ملی کامِ جاں کو لذّت درد
درد کو بے دوا کیا تو نے
عشق کو تاب انتظار نہ تھی
غرفہ اک دل میں وا کیا تو نے
حرم آباد اور دیر خراب

جو کیا سب بجا کیا تو نے
سخت افسردہ طبع تھی احباب
ہم کو جادو نوا کیا تو نے
پھر جو دیکھا تو کچھ نہ تھا یارب
کون پوچھے کہ کیا کیا تو نے
حالیؔ اٹھّا ہلا کے محفل کو
آخر اپنا کہا کیا تو نے

(۵)

راز دل کی سر بازار خبر کرتے ہیں
آج ہم شہر میں خون اپنا ہدر کرتے ہیں
عقل کی بات کوئی ہم نے کہی ہے شاید
جنّتی جتنے ہیں سب ہم سے حذر کرتے ہیں
زہد و طاعت کا سہارا نہیں جب سے زاہد
یاد اللہ کو ہم آٹھ پہر کرتے ہیں
عیب یہ ہے کہ کرو عیب، ہنر دکھلاؤ
ورنہ یاں عیب تو سب فرد بشر کرتے ہیں
جی رکاوٹ سے جو ان کی کبھی رک جاتا ہے
اک لگاوٹ میں ادھر سے وہ ادھر کرتے ہیں
تلخیاں زیست کی تھوڑی سی رہی ہیں باقی

یہ مہم جو بھی خدا چاہے تو سر کرتے ہیں
کہیں افطار کا حیلہ تو نہ ہو یہ حالیؔ
آپ اکثر رمضان ہی میں سفر کرتے ہیں

***

سائل دہلوی

(۱۸۶۸۔۱۹۴۵)

ابوالمعظم نواب سراج الدین خاں سائل دہلوی کا شمار دہلوی تہذیب کی نمائندہ شخصیات میں کیا جاتا تھا۔ ۲۰شوال المکرم ۱۲۸۰ھ مطابق ۱۸۶۸ء کو دہلی میں پیدا ہوئے۔ غالبؔ نے ان کا نام سراج الدین تجویز کیا تھا۔ والد کا نام مرزاشہاب الدین ثاقب تھا۔ جو نواب نیر رخشاں کے صاحبزادے تھے۔ ۵سال کی عمر میں والد کا انتقال ہو گیا۔ بہت ہی کم عمری میں آپ نے شاعری شروع کی۔

رہا یہ سوال کہ سائلؔ تخلص کیسے رکھا گیا؟ تو آیئے! ہم آپ کو بتاتے ہیں کہ ایک مرتبہ محفل جمی۔ جس میں نواب احمد سعید خان یعنی سائل دہلوی کے چچا بھی موجود تھے۔ مسئلہ یہ زیر بحث آیا کہ سراج الدین احمد خاں کا تخلص کیا رکھا جائے؟ اسی فکر میں سب غلطاں و پیچاں تھے کہ ایک شریف صورت انسان وارد ہوئے۔ چہرے مہرے سے اچھے آدمی لگتے تھے۔ پوچھا گیا کہ بھائی آپ کون ہیں؟ کہا: حضور سائل ہوں“۔ چنانچہ اسی وقت سے نواب صاحب کو سائلؔ دہلوی کہا جانے لگا۔

داغ دہلوی (وفات: ۱۹۰۵ء) کی شاگردی اور دامادی کا شرف آپ کو حاصل ہے۔ داغؔ سائل کو بے حد عزیز رکھتے تھے۔ بہت محبت اور شفقت سے پیش آتے تھے۔ داغؔ کی توجہ کی بدولت بہت جلد وہ خود استادی کے مرتبے پر فائز ہو گئے۔ زبان دہلی کی دھلی دھلائی ہوئی تھی۔ ان کا کلام تصوف اور تغزل کا حسین سرچشمہ ہے۔ تصوف اور تغزل

سے اپنی شاعری کو چار چاند لگاتے تھے، ڈاکٹر سید اعجاز حسین نے لکھا ہے:

"سائلؔ کی غزلوں میں شوخی اور لطافت ساتھ ساتھ ہیں۔ کلام میں شگفتگی اور انبساط کا مخزن ہے۔ مگر ابتذال اور عامیانہ پن سے کوسوں دور۔ معشوقوں سے چھیڑ چھاڑ بھی ہے۔ لیکن حفظ مراتب کے ساتھ۔ جہاں اشعار مزیدار گفتگو کا مرقع پیش کرتے ہیں۔ وہاں دلکشی کی حد نہیں رہتی۔ پرگوئی کا یہ عالم تھا کہ سخت سے سخت زمین میں بھی بہت سے اشعار کہ دینا معمولی بات تھی۔ استاذی کا یہ حال تھا کہ اس مضمون کو چاہتے نہایت خوبصورتی سے عاشقانہ رنگ دیتے، شعر کی مضبوطی اور الفاظ کے در وبست کا خاص خیال رکھتے تھے"

(مختصر تاریخ ادب اردو، از: ڈاکٹر سید اعجاز حسین، ڈی، لٹ۔ صفحہ: ۱۶۰۔ مطبوعہ: ۱۹۳۴ء)

طبیعت کے بہت نرم تھے۔ اپنے دشمنوں اور دوستوں کے یکساں سلوک کرتے تھے۔ سید وجیہ الدین بے خودؔ انہیں سر عام سخت سست کہتے تھے۔ برا بھلا کہتے تھے مگر جواباً انہوں نے بے خود کو برا بھلا نہیں کہا۔ خار دہلوی لکھتے ہیں:

"نواب صاحب قبلہ شاعر سے زیادہ ایک انسان تھے۔ وہ دہلی کی تہذیب و تمدن کا آخری نمونہ تھے۔ شعر و ادب کے علاوہ بہت سی خوبیاں ان میں تھیں۔ بے مثال خطاط اور خوش نویس تھے۔ کشیدہ کاری میں اپنا جواب نہیں رکھتے تھے۔..... غرضیکہ ان میں وہ سب کمالات تھے جو اس دور کے رؤسا کا طرۂ امتیاز تھے"

(دلی والے، مرتبہ: محمد صلاح الدین، مضمون: خار دہلوی، صفحہ: ۱۸۷، مطبوعہ: ۱۹۸۶ء)

۱۹۴۵ء میں سائل کا انتقال ہوا۔

***

سائلؔ دہلوی کی غزلیں

(۱)

وفا کا بندہ ہوں الفت کا پاسدار ہوں میں
حریف وقمری وپروانہ وہزار ہوں میں
جدا جدا نظر آتی ہے جلوہ گاہ کی تاثیر
قرار ہو گیا موسیٰ کو بے قرار ہوں میں
خمار جس سے نہ واقف ہو وہ سرور ہیں آپ
سرور جس سے نہ آگاہ ہو وہ خمار ہوں میں
سما گیا ہے یہ سودا عجیب سر میں مرے
کرم کا اہل ستم سے امیدوار ہوں
عوض دوا کے دعا دے گیا طبیب مجھے
کہا جو میں نے غم ہجر سے دوچار ہوں میں
شباب کر دیا میرا تباہ الفت نے
خزاں کے ہاتھ کی بوئی ہوئی بہار ہوں میں
قرار داد گریباں ہوئی یہ دامن سے
کہ پرزے پرزے اگر ہو تو تار تار ہوں میں
مرے مزار کو سمجھا نہ جائے ایک مزار
ہزار حسرت وارماں کا خود مزار ہوں میں
(ق)

ظہیرؔ و ارشدؔ و غالبؔ کا ہوں جگر گوشہ
جناب داغؔ کا تلمیذ و یادگار ہوں میں
امیر کرتے ہیں عزت مری ہوں وہ سائلؔ
گلوں کے پہلو میں رہتا ہوں ایسا خار ہوں میں

(۲)

ملے غیروں سے مجھ سے رنج، غم یوں بھی ہے اور یوں بھی
وفا دشمن جفا جو کا، ستم یوں بھی ہے اور یوں بھی
کہیں وامق کہیں مجنوں، رقم یوں بھی ہے اور یوں بھی
ہمارے نام پر چلتا قلم یوں بھی ہے اور یوں بھی
شب وعدہ وہ آجائیں، نہ آئیں مجھ کو بلوالیں
عنایت یوں بھی ہے اور یوں بھی، کرم یوں بھی ہے اور یوں بھی
عدو لکھے مجھے نامہ، تمھاری مہر، اس کا خط
جفا یوں بھی ہے اور یوں بھی، ستم یوں بھی ہے اور یوں بھی
نہ خود آئیں نہ بلوائیں، شکایت کیوں نہ لکھ بھیجوں
عنایت کی نظر مجھ پر کم یوں بھی ہے اور یوں بھی
یہ مسجد ہے یہ میخانہ، تعجب اس پر آتا ہے
جناب شیخ کا نقش قدم یوں بھی ہے اور یوں بھی
تجھے نوّاب بھی کہتے ہیں شاعر بھی سمجھتے ہیں
زمانے میں ترا سائلؔ بھرم یوں بھی ہے اور یوں بھی

(۳)

محبت میں جینا نئی بات ہے
نہ مرنا بھی مر کر کرامات ہے
میں رسوائے الفت وہ معروف حسن
بہم شہرتوں میں مساوات ہے
نہ شاہد، نہ مئے ہے، نہ بزم طرب
یہ خمیازۂ ترک عادات ہے
شب و روز فرقت ہمارا ہر ایک
اجل کا ہے دن موت کی رات ہے
اڑی ہے مئے مفت سائلؔ مدام
کہ ساقی سے گہری ملاقات ہے

(۴)

سنا بھی کبھی ماجرا درد غم کا، کسی دل جلے کی زبانی کہو تو
نکل آئیں آنسو کلیجہ پکڑ لو، کروں عرض اپنی کہنا کہو تو
تمھیں رنگ مئے مرغوب کیا ہے، گلابی ہو یا زعفرانی کہو تو
بلائے کوئی ساقیِ حور پیکر، مصفّا، کشیدہ، پرانی کہو تو
تمنائے دیدار ہے حسرت دل کہ تم جلوہ فرما ہو میں آنکھیں سینکوں
نہ کہہ دینا موسی سے جیسے کہا تھا، مری عرض پر لن ترانی کہو تو
وفا پیشہ عاشق نہیں دیکھا تم نے، مجھے دیکھ لو جانچ لو آزمالو

تمھارے اشارے پہ قربانی کر دوں ابھی مایۂ زندگانی کہو تو
کہاں میں کہاں داستاں کا تقاضا، مرے ضبط درد نہاں کا ہے کسنا
پھر اس پر یہ تاکید بھی ہے برابر، نہ کہنا پرائی کہانی کہو تو
مرے نامۂ شوق کی سطر میں ہے جگہ اک جو سادہ وہ مہمل نہیں ہے
میں ہو جاؤں میں خدمت میں حاضر ابھی خود بتانے کو ان کے معانی کہو تو

***

علامہ شاکر نائطی

(۱۸۹۹۔۱۹۶۷)

ابو صالح علامہ غضنفر حسین شاکر نائطی بمقام مینمبور پیدا ہوئے۔ ابتدائی تعلیم مقامی مدرسوں میں حاصل کی۔ اعلی تعلیم کے مدرسۂ لطیفیہ ویلور کارخ کیا۔ آپ علم کے بڑے شوقین تھے۔ یہی وجہ ہے کہ تعلیم کے ختم ہونے تک اپنے گھر کارخ نہیں کیا۔ فارغ التحصیل ہونے کے بعد مولوی قاسم صاحب کی ایماء پر اوریس کالج ویلور میں مدرس مقرر ہوئے۔

۱۹۲۴ ء میں جامعہ دارالسلام عمر آباد کے بانی کاکا عمر صاحب کی خاص الخاص درخواست پر جامعہ کے پرنسپل مقرر ہوئے۔ اوریس کالج میں تنخواہ چالیس روپئے ماہوار ملتی تھی۔ ۴۰روپئے تنخواہ کو چھوڑ کر جامعہ دارالسلام میں صرف ۲۴روپئے ماہوار تنخواہ پر خدمت انجام دینے لگے۔ اتنی بڑی قربانی انہوں نے محض اس لئے دی کہ دل میں دینی مدرسے کی خدمت کا جذبہ موجزن تھا۔

آپؒ کو اپنی علمی خدمات کی بنا پر ”جنوب کا شبلی نعمانی“ اور ادبی خدمات کی بنا پر ”جنوب کا غالب“ کہا جاتا ہے۔ ۱۹۵۳ء میں آپ نے ”مصحف“ نامی رسالے کا اجراء کیا۔ جس میں مستقل طور پر ناطق گلاوٹھوی، ماہر القادری، الطاف مشہدی، نوح ناروی، عرش ملسیانی اور جوش ملسیانی کی گرانقدر تخلیقات شائع ہوا کرتی تھیں۔ نیز اس رسالے نے تمل ناڈو کے فنکاروں کی ذہنی تربیت میں نمایاں کردار ادا کیا ہے۔ اور مصحف نامی یہ

رسالہ تقریباً دو یا تین سال تک جاری رہا۔

علامہ شاکر نائطی عربی، فارسی اور اردو ان تینوں زبانوں میں یکساں مہارت رکھتے تھے۔ آپ نے الانابہ الی شعر الصحابہ کے نام سے ایک کتاب ترتیب دی جس میں صحابہ کرام کی شاعری کو جمع کر دیا ہے اور یہ کتاب جامعہ دارالسلام کے نصاب میں شامل ہے۔

تمل ناڈو کے بزرگ اور کثیر التصانیف بزرگ جناب علیم صبانویدی نے لکھا ہے:

''حضرت شاکر کی فنکارانہ بلندی ان کی حساس طبیعت کا نتیجہ تھی۔ ان کے ہاں تخلیقی وجدان کی جو حسی کیفیت پائی جاتی ہے وہ بذات خود ایک صداقت ہے..... حضرت شاکر کا فنکارانہ کمال نہ صرف حسی کیفیات کی عکاسی کرتا ہے۔ بلکہ اظہار کو ابلاغ بناتا۔ اور ایک ایسی فضا تخلیق کرتا ہے کہ جس میں وجدانی قوتیں داخلی اور خارجی کیفیتیں خود بخود متحرک شکل اختیار کر لیتی ہیں۔ اور ان کے قلم کے بنائے ہوئے شعری خاکے بولنے لگتے ہیں''

(روشن چہرے، از: علیم صبانویدی، مطبوعہ: ۲۰۰۶ئ)

۱۹۶۷ء میں آپ کا انتقال ہوا اور عمر آباد کے قبرستان میں مدفون ہوئے۔

(نوٹ: علامہ شاکر نائطی کے سوانحی حالات روشن چہرے، مصنف: علیم صبانویدی سے ماخوذ ہیں)

***

علامہ شاکر نائطی کی غزلیں

(۱)

ہے کوئی چیز حاصل دنیا کہیں جسے

اس کے سوا کہ بادۂ مینا کہیں جسے

کعبہ میں ہے وہ شکل فریب نظر کہاں

ہاں بتکدہ ہے حسن کی دنیا کہیں جسے

رہتے ہیں ساتھ شورش و آشوب زندگی

وہ کون ہے جہاں میں تنہا کہیں جسے

ہوں سب میں اور سب سے جدا اور سب سے بے نیاز

میں ہوں بھرے جہان میں تنہا کہیں جسے

دنیا میں اہل عشق سے بڑھتی ہے شان حسن

جز قیس کیا ہے طرۂ لیلی کہیں جسے

جلتا ہوں میں مگر دھواں ہے نہ آگ ہے

دل کی لگی بھی وہ ہے، تماشا کہیں جسے

میں شاکرؔ اپنے پردۂ وحشت کے واسطے

کرتا ہوں قطع دامن صحرا کہیں جسے

(۲)

جاتے کہاں جنون کے طوفاں میں آ گئے

آخر کو چارہ گر مرے زنداں میں آ گئے

وہ شور و غل وہ شہر کا طوفان زندگی

اچھے رہے وہی جو بیاباں میں آ گئے

وہ ان کی سیر باغ وہ ذوق بہار ناز

پھول آپ ٹوٹ ٹوٹ کے داماں میں آگئے
اس گل کی آرزو میں خلش اس قدر ہے کیوں
کانٹے کہاں سے حسرت و ارماں میں آگئے
جو گھر بچے بچائے تھے طوفان آہ سے
وہ انتظام دیدۂ گریاں میں آگئے
شایاں تمھاری شان کے یہ زندگی نہیں
تم کیوں ہمارے خواب پریشاں میں آگئے
ہے اہل بزم یہ بھی اک انداز ناز حسن
آنسو کہاں سے شمع فروزاں میں آگئے
شاکر نہیں ہے ربط جنہیں صبر و شکر سے
حیواں ہے وہ جو صورت انساں میں آگئے

(۳)

کوئی صورت تو نکالی جائے گی
جائے گی آشفتہ حالی جائے گی
دل کی حسرت کیا نکالی جائے گی
کیا غریبوں کی دعا لی جائے گی
ہے کٹھن راہ وفا تو کیا ہوا
پر کڑی آفت اٹھالی جائے گی
کیا نہیں آئے گا مجھ تک دور جام

کیا مری امید خالی جائے گی
جائے گا پیمانہ رہ جائے گا خم
فکر رند لاابالی جائے گی
کون ہے دنیا میں ایسا خوش نصیب
آپ سے کس کی دعا لی جائے گی
آرہی ہے جھومتی شاکرؔ گھٹا
میکدہ میں مئے اچھالی جائے گی

(۴)

الفت میں بگڑ کر بھی اک وضع نکالی ہے
دیوانے کی سج دھج ہی دنیا سے نرالی ہے
ڈالی ہے دو عالم پر مٹی ابھی ڈالی ہے
بس کچھ نہیں اب ہم میں یا ہمت عالی ہے
ملتی ہے بڑی راحت اک خاک نشینی میں
میں نے تو طبیعت ہی مٹی کی بنالی ہے
اس گھر میں بہت کم ہے اب آمد ورفت اس کی
دنیا کی طرف ہم نے دیوار اٹھالی ہے
کیا رکھا ہے دیوانے ان عقل کی باتوں میں
برگشتہ مزاجی ہے آشفتہ خیالی ہے
حاصل ہے کرم اس کو اک مرشد کامل کا

شاکرؔ کی دعا لے لو شاکر نے دعا لی ہے

(۵)

کوئی واسطہ ہی ساغر کو نہ تھا کمی سے پہلے
یہ کہاں تھی تنگ ظرفی خط منحنی سے پہلے
کوئی قدر غم کہاں تھی غم عاشقی سے پہلے
کہیں غم اٹھانے والے نہیں تھے خوشی سے پہلے
کبھی تھا بتاؤ ایماں بھی ٹھکانے پر کسی کے
یہ کہاں تھے اہل ایماں مری کافری سے پہلے
وہی روگ ہے کہ رونا ہمیں آج تک ہے جس کا
کہیں دل لگالیا تھا کسی دل لگی سے پہلے
ابھی دل کو دیکھتے ہی غم دل کو دیکھ لیں گے
ہمیں ہم نشیں تمنا ہے حمایتی سے پہلے
ہو اسن کے نام شاکرؔ کا جو اشتیاق پیدا
تو کبھی ملے وہ ہوں گے کسی نائطی سے پہلے

***

مولانا شوق دہلوی مکی

(۱۳۸۱_۱۳۱۵)

مولانا عبد الوہاب شوق دہلوی مکی ۵ ربیع الثانی ۱۳۱۵ھ کو دہلی میں پیدا ہوئے۔ ٹھیک بیس سال بعد مکہ معظمہ تشریف لے گئے اور وہیں کے ہو رہے۔ تعلیم و تربیت بھی وہیں پائی۔ ۱۹۵۳ء میں دہلی لکھنؤ وغیرہ مقامات کی سیر کی۔ اہل علم اور اہل قلم سے ملاقاتیں کیں۔ مشہور و معروف کتب خانے دیکھے اور دو سال بعد پھر مکہ لوٹ گئے۔ ۱۳۳۳ھ میں عبد اللہ صاحب کی دختر سے شادی کی۔ بارہ تیرہ بچے ہوئے مگر محمود صاحب کے علاوہ کوئی بھی باقی نہ رہا۔ انہیں کتابیں جمع کرنے کا بڑا شوق تھا۔ یہی وجہ ہے کہ ان کے کتب خانے میں بہت سی کتابیں جمع ہو گئی تھیں۔

(حجاز مقدس کے شعراء، از: مولانا امداد صابری، صفحہ: ۱۸، مطبوعہ: ۱۹۷۰ء، مطبع: مکتبۂ شاہراہ، دہلی)

مولانا سید سلیمان ندوی نے اس کتب خانے کی بے حد تعریف کی ہے۔ چنانچہ وہ لکھتے ہیں:

"تیسرا کتب خانہ بیت دہلوی کی ملکیت ہے۔ اور جس کو ہمارے دوست عبد الوہاب صاحب نے اپنے شوق سے جمع کیا ہے۔ یہ علم کے شائق اور نوادر کتب کے عاشق ہیں اور خود بھی علم و آگاہی رکھتے ہیں۔ اور مجھے مسرت ہے کہ میرے اور موصوف کے درمیان پہلے ہی سے تعلقات غائبانہ خط و کتابت سے قائم تھے۔ اب یہ شنیدہ دیدہ ہو کر اور بھی

زیادہ مستحکم ہوگئے۔ یہ کتب خانہ ابھی اپنے نوجوان اور فاضل مالک کے زیر سایہ نشو نما پا رہا ہے۔ اس کتب خانے میں متعدد نادر کتابیں ہیں“

(مقالات سلیمان، جلد:۲، صفحہ:۳۴۹)

۱۳۸۱ھ میں آپ خالق حقیقی سے جا ملے۔ آپ کا خاندان مسلکاً اہل حدیث تھا۔ دہلی میں اس خاندان کی نمایاں حیثیت تھی۔ مولانا حاجی امداد اللہ مہاجر مکی کے شوقؔ دہلوی بے مداح اور اب کی صلاحیتوں کے معترف تھے۔

(دیکھئے: حجاز مقدس کے شعراء، صفحہ:۱۹)

شوق دہلوی نے اپنی شاعری میں رنگینی، لطافت، حسن بیان اور رعایت لفظی جیسی بے شمار صنعتوں سے اپنی شاعری میں کام لیا ہے۔ نیز تصور آخرت، مذہبی موضوعات کی جھلکیاں اور صحیح اسلامی عقیدے کی تصویریں ان کی شاعری میں دیکھنے کو ملتی ہیں۔ شوقؔ دہلوی کو دین سے کچھ زیادہ ہی لگاؤ تھا۔ جس کا اثر ان کی شاعری میں نمایاں نظر آتا ہے۔

جہاں وہ حسن و عشق کے موضوعات کو ہاتھ لگاتے ہیں تو کمال کر دیتے ہیں۔ شوقؔ کا علوئے تخیل لائق داد ہوتا ہے۔ زبان بڑی شیریں اور عیوب سے پاک ہوتی ہے۔ دہلوی ہونے نے اور مذہبی گھرانے سے ان کا تعلق گہرا ہونے نے ان کی زبان کو سنوارنے میں اہم کردار ادا کیا ہے۔

***

مولانا شوق دہلوی مکی کی غزلیں

(۱)

شبہائے عیش کا وہ زمانہ کدھر گیا

وہ خواب کیا ہوا وہ فسانہ کدھر گیا
وہ گلرخوں سے ہنسنا ہنسانا کدھر گیا
ان کو ستا ستا کے رلانا کدھر گیا
شب بھر کی میکشی کا مزید ار وہ خمار
اور صبح کا وہ وقت سہانا کدھر گیا
بچپن کے کھیل کود جوانی کے ذوق وشوق
یہ خواب کیا ہوا وہ فسانہ کدھر گیا
ہر روز روزِ عید تھا ہر شب شب برات
وہ دن کہاں گئے وہ زمانہ کدھر گیا
تیری نگاہ کا نہ مرے دل کا ہے پتہ
وہ تیر کیا ہوا وہ نشانہ کدھر گیا
پہلے تو کچھ بھی قدر نہ جانی شباب کی
اب رو رہے ہیں ہم وہ زمانہ کدھر گیا
جو پیکر وفا تھے سراپا خلوص تھے
وہ لوگ کیا ہوئے وہ زمانہ کدھر گیا
میت پہ میری آکے وہ یہ پوچھتے ہیں شوقؔ
کیوں؟ آج درد دل کا فسانہ کدھر گیا

(۲)

جب آغوش میں دلربا آگیا

محبت کا ہم کو مزا آگیا

بھلا وہ غریبوں پہ کرتے کرم
ستم یاد کوئی نیا آگیا

مزا بزم کا کرکرا کر دیا
یہ کمبخت واعظ برا آگیا

بگڑتا ہے دل مجھ سے ہر بات پر
اثر اس میں بھی آپ کا آگیا

یہ کیوں رہ گیا شوقؔ دل تھام کر
خدا جانے یاد اس کو کیا آگیا

(۳)

تمھیں حسن نے پر جفا کر دیا
ہمیں عشق نے باوفا کر دیا

یہ ان کی نگاہوں کا احسان ہے
مرے دل کو درد آشنا کر دیا

بلا سے مری جان جاتی رہے
محبت کا حق تو ادا کر دیا

ہوا ساری محفل پہ ان کا عتاب
یہ کس نے مرا تذکرہ کر دیا

چکھا کر ذرا سا مزہ وصل کا

مرا شوقؔ حد سے سوا کر دیا

(۴)

وہ صنم خو گر وفا نہ ہوا
یہ بھی اچھا ہوا برا نہ ہوا
آگیا لطف زندگانی کا
درد جو قابل دوا نہ ہوا
عمر بھر ہم جدا رہے اس سے
ہم سے دم بھر بھی جو جدا نہ ہوا
کہے دیتی ہیں شرمگیں نگاہیں
کیا ہوا رات اور کیا نہ ہوا
شوقؔ نے لکھے سینکڑوں دفتر
حرف مطلب ادا نہ ہوا

(۵)

رو رہی ہے جس طرح شمع پروانہ کے بعد
آپ بھی روئیں گے مجھ کو میرے مر جانے کے بعد
گر نہیں ملتی شراب ناب آنسو ہی سہی
کچھ تو پینا چاہیئے فرقت میں غم کھانے کے بعد
رشک جنت بن گیا تھا آپ کے آنے سے گھر

ہو گیا دوزخ سے بدتر پھر چلے جانے کے بعد

کیا خبر ہم بدنصیبوں کو ہے کیا شئے بہار

ہم نے تو گلشن کو دیکھا ہے اجڑ جانے کے بعد

کیا بتائیں تجھ کو واعظ مئے کشی کے ہم مزے

آپ ہو جائیں گے معلوم ایک پیمانہ کے بعد

رائگاں ہونے نہ دو اے شوق تم وقت عزیز

یہ وہ شئے ہے جو نہیں ملتی کھو جانے کے بعد

***

عامر عثمانی

(۱۹۲۰۔۱۹۷۵)

مولانا عامر عثمانی دیوبند کے فیض یافتہ تھے۔ دیوبند کے کتب خانے سے انہوں نے بہت استفادہ کیا۔ اپنے دور کے شعراء میں انہوں نے اپنی مخصوص شناخت بنائی۔ ۱۹۲۰ء میں دیوبند میں پیدا ہوئے۔ والد کا نام مطلوب الرحمن تھا جو انجنیر تھے۔ دیوبند سے فارغ التحصیل ہونے کے بعد پتنگیں بنا کر بیچنے لگے۔ ایک عرصے تک اس کام سے جڑے رہے۔ لیکن اس سے ضروریات پوری نہیں ہوتی تھیں۔ اس لئے شیشے پر لکھنے کی مشق کرنے لگے اور اس میں وہ مہارت حاصل کی کہ اچھے اچھوں کو پیچھے چھوڑ دیا۔ تجلی کے اکثر سرورق خود مولانا نے بنائے اس ہیں۔ اس کے بعد مولانا پر وہ دور بھی آیا کہ ان کا قلم بمبئی کی گندی فلم نگری کی طرف مڑ گیا۔ مگر یہ دنیا مولانا کی طبیعت سے میل نہیں کھاتی تھی اور والد مرحوم نے یہ بھی کہہ دیا کہ فلم سے کمایا ہوا ایک پیسہ بھی میں نہیں لوں گا۔ اسی لئے جلد ہی مولانا دیوبند لوٹ گئے۔ ذریعۂ معاش کے طور پر تجلی کا اجراء کیا۔ احباب نے خاصی ہمت شکنی کی۔ طعنے کسے۔ پریشان کیا لیکن مولانا کے پائے استقلال میں جنبش نہیں ہوئی۔ دنیا نے دیکھ لیا کہ اس رسالے نے علمی و ادبی دنیا میں کس قدر کم مدت میں کتنی زیادہ شہرت حاصل کی۔ تجلی کا اجراء ۱۹۴۹ء میں کیا گیا جو مولانا کی وفات تک یعنی ۲۵ سال تک مسلسل بلا کسی انقطاع کے شائع ہوتا رہا۔

”مسجد سے مے خانے تک“ کے عنوان سے تجلی میں ایک طنزیہ کالم شائع ہوتا تھا۔

جس میں مغرب کی بھونڈی نقالی، مروجہ بدعات و خرافات، علماء سوء کی خامیاں اور مسلمانوں کی کم علمی پر عام طور پر بڑا طنز کیا جاتا تھا۔ "تجلی" میں شائع شدہ خطوط سے اندازہ ہوتا ہے کہ "مسجد سے مے خانے تک" کو وہ بہت پسند کرتے ہیں اور بعضے تو ایسے تھے جو محض اس کالم کے مطالعے کے لئے پورا رسالہ خریدتے تھے۔ مولانا عامر عثمانی نے مولانا ماہر القادری کے انداز میں تبصرے لکھنے شروع کئے۔ میں سمجھتا ہوں کہ تبصرہ نگاری کے فن کو اگر ماہر القادری کے بعد کسی نے پوری طرح نبھایا ہے تو وہ مولانا عامر عثمانی ہیں۔

مولانا جماعت اسلامی کے بے حد مداح تھے۔ ہندوستان میں اس وقت جماعت اسلامی کے لئے میدان کارساز نہیں تھا۔ جماعت اسلامی کی موافقت میں بات کرنا مشکل تھا مگر مولانا عامر عثمانی ایسے وقت میں جماعت کے خلاف اٹھنے والے فتنوں کا ڈٹ کر مقابلہ کرنے لگے۔ جب مولانا مودودی نے "خلافت و ملوکیت" لکھی تو اسے شدید طنز و تعریض کا نشانہ بنایا گیا۔ مولانا مودودی کا استہزا کیا گیا۔ مولانا عامر عثمانی کی حمیت یہ بات برداشت نہ کر سکی۔ نتیجتاً انہوں نے خلافت و ملوکیت نمبر نکالا اور ان کے موقف کو درست ثابت کیا اور دلائل و براہین کے ایسے انبار لگائے کہ جماعت اسلامی کے مخالفین منہ دیکھتے رہ گئے۔

مولانا عامر عثمانی شاعر کی حیثیت سے ادبی دنیا میں شہرت حاصل کر چکے تھے۔ مرض الموت میں جب انہیں ڈاکٹروں نے چلنے پھرنے سے منع کر دیا۔ سفر کی سخت ممانعت تھی۔ مگر شاید مولانا کو اس بات کا احساس ہو گیا تھا کہ یہ ان کا آخری سفر ہے۔ پونے کے ایک مشاعرے میں شرکت کے لئے مولانا نے پونے کا طویل سفر اختیار کیا۔ اور اپنی مشہور نظم "جنہیں سحر نگل گئی وہ خواب ڈھونڈتا ہوں میں" سنانے کے دس منٹ بعد ہی جہان فانی سے کوچ کر گئے۔ اناللہ وانا الیہ راجعون۔

مولانا کے انتقال کے بعد اخبارات ورسائل میں تعزیتی مضامین کا انبار لگ گیا۔ ماہر القادری نے جون ۱۹۷۵ء کے فاران میں لکھا ہے:

"مولانا عامر عثمانی کا مطالعہ بحراوقیانوس کی طرح عریض وطویل اور عمیق تھا۔ وہ جو بات کہتے تھے کتابوں کے حوالوں اور عقلی و فکری دلائل و براہین کے ساتھ کہتے تھے۔ پھر سونے پر سہاگہ زبان و ادب کی چاشنی اور سلاست و رعنائی۔ تفسیر، حدیث، فقہ و تاریخ، لغت و ادب غرض تمام علوم میں مولانا عامر عثمانی کو قابل رشک بصیرت حاصل تھی۔ جس مسئلے پر قلم اٹھاتے اس کا حق ادا کر دیتے۔ ایک ایک جزو کی تردید یا تائید میں امہات الکتب کے حوالے پیش کرتے۔ علمی و دینی مسائل میں ان کی گرفت اتنی سخت ہوتی کہ بڑے بڑے جغادری اور اہل قلم پسینہ پسینہ ہو جاتے"

حفیظ جالندھری کے شاہنامہ اسلام کے طرز پر مولانا عامر عثمانی نے "شاہنامہ اسلام جدید" لکھا۔ جس میں وفات رسول ﷺ کے واقعے کو منظوم کیا۔

مولانا کا شعری مجموعہ "مرکزی مکتبہ اسلامی۔ دہلی" کے زیر اہتمام شائع ہوا تھا جس کا دوسرا ایڈیشن بھی شائع ہوا ہے جو اس بات کی دلیل ہے مولانا کا کلام قبول خاص و عام ہے۔

***

عامر عثمانی کی غزلیں

(۱)

نہ سکت ہے ضبط غم کی، نہ مجال اشک باری

یہ عجیب کیفیت ہے نہ سکوں نہ بے قراری
ترا ایک ہی ستم ہے ترے ہر کرم سے بھاری
غم دو جہاں سے دیدی مجھے تو نے رستگاری
مری زندگی کا حاصل ترے غم کی پاسداری
ترے غم کی آبرو ہے مجھے ہر خوشی سے پیاری
یہ قدم قدم بلائیں یہ سواد کوئے جاناں
وہ یہیں سے لوٹ جائے جسے زندگی ہو پیاری
ترے جاں نواز وعدے مجھے کیا فریب دیتے
ترے کام آ گئی ہے مری زود اعتباری
مری رات منتظر ہے کسی اور صبح نو کی
یہ سحر تجھے مبارک جو ہے ظلمتوں کی ماری
مری عافیت کے دشمن مجھے چین آ چلا ہے
کوئی اور زخم تازہ کوئی اور ضرب کاری
جو غنی ہو ماسوا سے وہ گدا گدا نہیں ہے
جو اسیر ماسوا ہو وہ امیر بھی بھکاری

(۲)

ماتھے پر تحریر ہے غم کی خشک ہیں لب آنکھیں نم ہیں
ہم سے ہمارا حال نہ پوچھو ہم تو سراپا ماتم ہیں
روحیں بے کل، ذہن پریشاں، سینے کرب مجسم ہیں

اور بظاہر اس دنیا کو کیا کیا عیش فراہم ہیں
وہم وگماں کے شیش محل ہیں ریت کے تودوں پر قائم
اور یقیں کے تاج محل کی بنیادیں مستحکم ہیں
آج کے دور علم و ہنر میں مہر و وفا کا نام نہ لے
آج پرانے وقت کی ساری قدریں درہم برہم ہیں
فکر و نظر کیا قلب و جگر کیا؟ سب ہیں اسیر زلف بتاں
سچ تو یہ ہے صحن حرم صرف ہمارے سر خم ہیں
کل تک جن کی تشنہ لبی کو دریا بھی ناکافی تھے
آج وہی ارباب عزیمت شکر گزار شبنم ہیں
گل چینوں کا شکوہ بے جا، صیادوں کا ذکر فضول
میرے چمن کے مالی عامرؔ صید نفاق باہم ہیں

(۳)

حسن کی بارگاہیں گلی در گلی لالہ و گل کے جلوے چمن در چمن
جنتیں اس جہاں میں بہت ہیں مگر آپ کی انجمن آپ کی انجمن
وقت کی گردشوں کا بھروسہ ہی کیا مطمئن ہو کے بیٹھیں نہ اہل چمن
ہم نے دیکھے ہیں ایسے بھی کچھ حادثے کھو گئے رہنما لٹ گئے راہ زن
چند فرضی لکیروں کو سجدے نہ کر چند خاکی حدوں کا پجاری نہ بن
آدمیت ہے اک موجۂ بے کراں ساری دنیا ہے انسانیت کا وطن
کتنے شاہیں بسیرے کو ترسا کئے باغ پر چھا گئے کتنے زاغ و زغن

کتنے اہل وفا دار پر چڑھ گئے کتنے اہل ہوس بن گئے نورتن
صرف شہر سیاست کا ماتم نہیں ہر نگر ہر ڈگر ایک سا حال ہے
کتنی قبروں پہ چڑھتی رہیں چادریں کتنے لاشے پڑے رہ گئے بے کفن
دیجئے ترک تقوی کا طعنہ مگر شیخ کا حسن تاویل تو دیکھئے
جب قدم زہد کے لڑکھڑانے لگے رکھ دیا حسن کا نام توبہ شکن
بزم میں ایک جوئے رواں ہے جنوں عزم میں ایک برق تپاں ہے جنوں
یہ تماشا ہے عامر جنوں تو نہیں مچ گئی ہاؤہو پھٹ گئے پیرہن

***

علیم اختر مظفر نگری

(۱۹۱۴۔ ۱۹۷۲)

مولانا علیم اختر مظفر نگری بہترین عالم نغز گو شاعر تھے۔ بہت ہی نرالے اور پیارے انداز میں شعر کہتے تھے۔ کم کہتے تھے مگر اچھا کہتے تھے۔ شاعری کو انہوں نے ذریعۂ معاش نہیں بنایا۔ مولانا اختر مشہور مزاح نگار علیم اختر (مصنف: بیسویں صدی کے شعرائے دہلی) کے والد محترم تھے۔ عظیم اختر نے اپنے والد مرحوم کا تذکرہ کرتے ہوئے لکھا ہے:

"مولانائے محترم ۱۹۱۴ء میں مظفر نگر کے ایک نہایت ہی دیندار علم دوست اور متوسط دیندار گھرانے میں پیدا ہوئے.... والد مرحوم نے ابتدائی تعلیم دادا مرحوم کے زیر نگرانی حاصل کی اور ۱۹۶۶ء ایف. اے کا امتحان دے کر سرکاری نوکری کو ذریعۂ معاش بنایا۔ ۱۹۴۷ء تک سرکاری اور نیم سرکاری عہدوں پر فائز رہے"

(دلی والے، مرتبہ: صلاح الدین، صفحہ: ۳۰۹، مضمون: علیم اختر)

اپنے دور کے اساتذۂ فن سے انہوں نے کسب فیض کیا۔ یعنی الم مظفر نگری سے ابتداءً اصلاح لی۔ بعدہٗ انہیں کی صلاح پر علامہ سیماب اکبر آبادی کو اپنی غزلیں دکھانے لگے۔ جیسا کہ اس بات کی وضاحت خود عظیم اختر صاحب نے کی ہے۔ ان دونوں بزرگوں کی توجہ کی وجہ سے علیم اختر کی شاعری خوب سے خوب تر کا سفر کرنے لگی۔ مولانا واردات قلبیہ کو بہترین انداز میں پیش کرنے پر قادر تھے۔

۱۹۵۷ء میں نکہت گل کے نام سے آپ کا مجموعۂ کلام منظر عام پر آیا۔ ایک حلقے تک آپ کا مجموعۂ کلام زیر گفتگو رہا۔ اس میں ایسے بہتیرے اشعار مل جاتے ہیں جو یقیناً منفرد کہے جاسکتے ہیں۔ اس کے بعد مولانا کا کوئی مجموعۂ کلام منظر عام پر نہیں آیا۔ ۱۹۷۲ء کو ۲۱ اپریل کے دن مولانا اپنے مالک حقیقی سے جاملے۔

***

علیم اختر مظفر نگری کی غزلیں

(۱)

میری جانب جو کوئی بار دگر دیکھے ہے
اپنی مخمور نگاہی کا اثر دیکھے ہے
کوئی آہٹ بھی نہیں کوئی دستک بھی نہیں
شوق بے تاب مگر جانب در دیکھے ہے
اللہ اللہ میری حیرت نگری کا عالم
حیرت ناز سے خود ان کی نظر دیکھے ہے
نظر آئے ہے ترا عکس جمال رنگیں
تیرے جلووں کا تماشائی جدھر دیکھے ہے
جذبۂ جوش عمل، جہد مسلسل، اخترؔ
شب تاریک میں درخشندہ سحر دیکھے ہے

(۲)

نگہ شوق کا پیغام مجھے لوٹا دو
میرا جام مئے گل فام مجھے لوٹا دو
میں نے جو اک نامۂ شوق لکھا تھا کبھی
لکھ کے اس خط پہ مرا نام مجھے لوٹا دو
صبح تو عالم آواز شکست شب ہے
میری سنولائی ہوئی شام مجھے لوٹا دو
میں تو عادی ہوں خود اپنا ہی لہو پینے کا
لاؤ خالی ہی سہی مجھے جام لوٹا دو
چاندنی رات کی ناگن سے نہ ڈسواؤ مجھے
میری قسمت کی سیہ شام مجھے لوٹا دو
دوستو آپ کے کچھ کام نہیں آئے گی
لاؤ یہ شورش آلام مجھے لوٹا دو
میں نے اس بھولنے والے کو لکھا ہے اخترؔ
میرا اندیشۂ انجام مجھے لوٹا دو

(۳)

میں نے امرت کا کوئی جام پیا ہے شاید
مجھ کو احساس کی ناگن نے ڈسا ہے شاید
میرے آنے کا یقیں حد سے سوا ہے شاید

پھر کوئی جانب در دیکھ رہا ہے شاید
بڑھ کے خود طوق و سلاسل نے قدم چوم لئے
یہ مرا حوصلہ جرم وفا ہے شاید
دیکھنا کون ہے، کیا کام ہے، کیوں آیا ہے
کوئی میرا ہی پتہ پوچھ رہا ہے شاید
اس کو یہ وہم کہ میں روٹھ گیا ہوں اس سے
مجھ کو یہ فکر کہ وہ مجھ سے خفا ہے شاید
اب تو ایفا کی خوشی ہے نہ خلش ہے کوئی
تیرا وعدہ بھی ہمیں بھول گیا ہے شاید
کیا نمایاں ہے یہ سنگ سر منزل اخترؔ
سوچتا ہے میرا نقش کف پا ہے شاید

(۴)

اے رہ گزار شوق ذرا دیکھنا مجھے
اٹھ اٹھ کے دیکھتا ہے مرا نقش پا مجھے
میری نظر سے حسن کو تابندگی ملی
جلوہ متاع تاب نظر دے گیا مجھے
ہر چند تھی خودی کے لئے ایک مرگ نو
لیکن کسی کے واسطے جینا پڑا مجھے
میری وفائے شوق تیرے جور پر نثار

راس آنہ جائے ظلم کی آب وہوا مجھے

تھی جس میں ترک رسم تعلق کی التجاء

اے جانِ احتیاط وہ خط مل گیا مجھے

اخترؔ خیال خاطر احباب کیا کہوں

زہراب لطف دوست بھی پینا پڑا مجھے

***

ماہر القادری

(۱۹۰۷ـ۱۹۷۵)

مولانا ماہر القادری اپنے دور کے مشہور شاعر، زبردست انشاء پرداز، تبصرہ نگار اور بہترین عالم دین تھے۔ بہت ہی کم عمر میں پورے ہندوستان میں شہرت حاصل کرلی۔ کم سنی میں میلاد کی محفلوں میں شریک ہوتے تھے اور اپنی آواز کے جادو سے لوگوں کے دلوں کو مسحور کرتے تھے، جستہ جستہ غزلیں بھی کہہ لیا کرتے تھے۔ ہندوستان کی آزادی سے قبل کوئی بھی بڑا مشاعرہ اس وقت تک مکمل نہ سمجھا جاتا تھا جب تک انہیں مدعو نہ کیا جائے۔

۱۹۰۷ء میں پیدا ہوئے۔ پورا نام منظور حسین صدیقی تھا۔ لیکن ان کا اصلی نام آج کل بہت ہی کم لوگ جانتے ہیں۔ آبائی وطن کیسر کلاں، ضلع بلند شہر (یوپی) تھا۔ والد کا نام معشوق علی مظفر تھا۔ جو ظریف تخلص کرتے تھے۔ بڑے خوش فکر نغز گو شاعر تھے۔ کم عمری میں مولانا عبد القدیر بدایونی سے بیعت کی، خانقاہی نظام سے وابستہ ہوئے۔ زیادہ تر وقت مدرسۂ قادریہ میں گزرتا تھا۔ اسی کی طرف نسبت کر کے مولانا اپنے نام کے ساتھ قادری لگایا کرتے تھے۔

ابتدائی تعلیم کبیر مڈل اسکول ڈبائی سے حاصل کی۔ ۱۹۲۵ء میں شادی کی۔ تلاش معاش کی غرض سے مولانا عبد القدیر بدایونی کی معیت میں حیدرآباد کا رخ کیا۔ جہاں مختلف اصحاب علم اور متعدد مکاتب فکر سے تعلق رکھنے والے علماء کے ساتھ رہنے کا موقعہ ملا۔ حیدرآباد میں ماہر القادری کے خیالات میں زبردست تبدیلی پیدا ہوئی۔ پہلے ان پر

بدعتی عقائد کا شدید غلبہ تھا۔ بعد کو اپنی یہ پرانی روش ترک کی اور جماعت اسلامی سے وابستہ ہوگئے۔

ناصر الدین انصار لکھتے ہیں:

''مولانا ماہر کو نو عمری ہی سے حیدرآباد میں مولانا عبد القادر بدایونی، نواب بہادر یار جنگ ، مولانا سید ابوالاعلی مودودی، مولانا مناظر احسن گیلانی جیسی برصغیر کی متبحر شخصیات کی صحبتوں سے استفادے اور حیدرآباد جیسے اہم ترین مرکز میں تربیت کے مسلسل مواقع میسر آئے۔ اور اس چیز نے ان کی شخصیت کو جامع الکمالات بنانے میں اہم کردار ادا کیا۔ حیدرآباد کے اکتسابات اور مشاہیر کی صحبتوں ہی کا اثر تھا جس نے ماہر القادری کے فکر و فن کو جلا بخشی، اور ان کی زبان و قلم کو اس قدر معتبر بنادیا کہ ان کی تقریر و تحریر افکار و نظریات کو علمی، ادبی اور ملی حلقوں میں سند کا درجہ حاصل ہوگیا''

(بیسویں صدی کی سو اہم شخصیات [افکار ملی کی خصوصی اشاعت] شمارہ:۵، ۶، ۷۔ جلد:۲۰۔ مطبوعہ: جولائی ۲۰۰۵ء)

ترقی پسند تحریک کے مقابلے میں حلقۂ فکر و نظر کی بنیاد ڈالی۔ جس کی صراحت خود ماہر القادری نے اس طرح کی ہے:

''۱۹۴۵ء بمبئی میں خاکسار ہی کی کوششوں سے ''حلقۂ فکر و نظر'' قائم ہوا۔ اور اس کے افتتاحی اجلاس میں ''ادب میں ترقی پسندی'' کے موضوع پر میں نے پونے دو گھنٹہ کے قریب خوب جم کر تقریر کی۔ راجہ صاحب محمود آباد اس جلسے کے صدر تھے''

(یادرفتگاں۔ جلد:۲۔ صفحہ:۲۶۸۔ مرتبہ: طالب الہاشمی)

انہوں نے تبصرہ نگاری کو انتہائی عروج پر پہنچایا۔ اپنے رسالے ''فاران'' میں ''ہماری نظر میں'' کے عنوان سے مستقل تبصرے لکھا کرتے تھے۔ وہ یہ ہرگز نہیں دیکھتے

تھے کہ یہ ان کے دوست کی کتاب ہے۔ یا کسی بڑے تخلیق کار کی۔ حق گوئی اور راست بازی پر وہ ہر رشتے کو حتی کہ دوستی تک کو قربان کر دیتے تھے۔ یہی وجہ ہے کہ "فاران" کے تبصرے ان کے لئے نیک نامی اور بدنامی کا باعث بنے۔ بلا مبالغہ مولانا نے ہزاروں کتابوں پر تبصرہ کیا، چنانچہ مولانا لکھتے ہیں کہ :

"۲۳ سال کی مدت میں ہمارے قلم سے ڈھائی ہزار سے زائد کتابوں پر "فاران" میں تبصرہ ہوا ہے۔ جہاں تک ہمارے امکان میں تھا ہم نے ہر کتاب کو پورے غور و توجہ سے پڑھا اور دیانت کے ساتھ اس پر رائے کا اظہار کیا۔ کسی مصنف، مترجم، مؤلف یا شاعر و ادیب کے ساتھ ہم نے زیادتی نہیں کی۔ ہر کتاب کے محاسن و معائب کے دونوں رخ واضح کر دئے۔ متعدد اہل قلم اور مصنفین و شعراء نے نہ صرف ہماری تنقید کو گوارا فرمایا بلکہ ان کمزوریوں کا جن پر ہم نے گرفت کی تھی۔ دل سے اعتراف کیا۔ ہاں وہ حضرات جو صرف تحسین و ستائش کی توقع رکھتے تھے ہم سے ناراض ہو گئے۔ احتساب و تنقید کو گوارا کرنے کے لئے بڑے ظرف و تحمل اور دل گردے کی ضرورت ہے"

(فاران فروری ۱۹۷۲ء)

یاد رفتگاں کے عنوان سے مولانا مرحومین پر اپنے رسالے میں تاثرات لکھا کرتے تھے۔ خصوصاً ان اصحاب سے ان کے تعلقات ہوتے ان پر مولانا کھل کر لکھتے تھے۔ صرف خوبیوں اور رسمی الفاظ کے ذکر پر اکتفاء نہ کرتے تھے۔ بلکہ جہاں تک ہو سکے پورے شرح و بسط کے ساتھ "مرحومین" پر اظہار خیال کرتے تھے۔ مولانا کی زندگی اور شاعری پر بالکل کام نہیں ہوا۔ یہ کتنے افسوس کی بات ہے۔ لیکن پاکستان میں آپ کی حیات و خدمات پر کتابیں شائع ہوئیں اور ان کا کلیات بھی شائع ہو چکا ہے

***

مولانا ماہر القادری کی غزلیں

(۱)

کسی کی بے رخی کا غم نہیں ہے
کہ اتنا ربط بھی کم نہیں ہے
نہ ہشیاری، نہ غفلت، اور نہ مستی
ہمارا اب کوئی عالم نہیں ہے
رگِ جاں سے بھی وہ نزدیک تر ہیں
مگر یہ فاصلہ بھی کم نہیں ہے
یہاں کیا ذکر شرم و آبرو کا
یہ دور عظمت مریم نہیں ہے
فغاں اک مشغلہ ہے عاشقوں کا
یہ عادت بر بنائے غم نہیں ہے
فرشتوں کی یہ شان بے گناہی
جواب لغزش آدم نہیں ہے

(۲)

اے نگاہ دوست! یہ کیا ہو گیا کیا کر دیا
پہلے پہلے روشنی دی پھر اندھیرا کر دیا

آدمی کو دردِ دل کی قدر کرنی چاہئے
زندگی کی تلخیوں میں لطف پیدا کر دیا
اس نگاہ شوق کی تیر افگنی رکھی رہی
میں نے پہلے اس کو مجروح تماشا کر دیا
ان کی محفل کے تصور نے پھر ان کی یاد نے
میرے غم خانہ کی رونق کو دوبالا کر دیا
میکدے کی شام اور کانپتے ہاتھوں میں جام
تشنگی کی خیر ہو، کس کو رسوا کر دیا

(۳)

ابھی دشت کربلا میں ہے بلند یہ ترانہ
یہی زندگی حقیقت یہی زندگی فسانہ
ترا کام تن کی پوجا، مرا کام من کی سیوا
مجھے جستجو یقیں کی، تجھے فکر و آب و دانہ
مرے شوق مضطرب سے ہے رواں نظام ہستی
جو ٹھہر گئی محبت تو ٹھہر گیا زمانہ
وہ فقیہ کو باطن ہے عدوئے دین و ملت
کسی خوف دنیوی سے جو تراش دے فسانہ
ترا خار و خس پہ تکیہ مرا عشق پر بھروسہ
مجھے برق سے محبت تجھے خوف آشیانہ

مرے جذب دل کو ماہرؔ کوئی کیا سمجھ سکے گا
مری شاعری کی حد سے ابھی دور ہے زمانہ

(۴)

اگر فطرت کا ہر انداز بے باکانہ ہو جائے
ہجوم رنگ و بو سے آدمی دیوانہ ہو جائے
کرم کیسا ستم سے بھی نہ وہ بیگانہ ہو جائے
میں ڈرتا ہوں محبت میں کہیں ایسا نہ ہو جائے
مجھے اس انجمن میں بار پا کر اس پہ خدشہ ہے
مرا انداز بے تابی نہ گستاخانہ ہو جائے
نگاہ مست ساقی اک طلسم رنگ و مستی ہے
کہیں پیمانہ بن جائے کہیں میخانہ بن جائے
یہاں بھی کچھ نگاہیں تشنۂ دیدار ہیں ساقی
ادھر بھی اک دور نرگس مستانہ ہو جائے
میں اس محفل کی تہمت کس طرح آخر اٹھاؤں گا
خموشی بھی جہاں افسانہ در افسانہ ہو جائے
نقاب الٹے ہوئے اک روز اگر وہ خود چلے آئیں
سیہ خانہ مرا ماہرؔ تجلی خانہ ہو جائے

(۵)

مانا مقام عشرت ہستی بلند ہے

میں دل کو کیا کروں کہ اسے ناپسند ہے

تم کو حجاب مجھ کو تماشا پسند ہے

میری نظر تمھاری نظر سے بلند ہے

اللہ رے! دل کی عشق میں دیوانہ واریاں

اندیشۂ زباں ہے نہ خوف گزند ہے

آنکھوں میں آج کل ہے محبت کی واردات

طوفان بے پناہ پیالوں میں بند ہے

اب ان کا انتخاب کرے گا یہ فیصلہ

الفت بلند ہے کہ تماشا بلند ہے

ماہرؔ ازل میں دل نے کیا غم کی انتخاب

ان کی خطا نہیں ہے یہ دل کی پسند ہے

***

حسرت موہانی

(۱۸۸۱۔1951)

مولانا فضل الحسن حسرتؔ موہانی لکھنؤ کے قریب ایک قصبہ میں موہان میں ۱۸۸۱ء کو پیدا ہوئے۔ نانا مولوی احمد سعید موہانی، مولانا شاہ عبدالرزاق کے نہایت خاص مریدوں میں سے تھے۔ والدہ نے بھی ان کے دست پر بیعت کی اور خود حسرتؔ جب سن شعور کو پہونچے تو انہوں نے بھی آپ سے بیعت کی۔ ۱۸۹۴ء میں مڈل پاس کیا۔ موہان میں محض مڈل تک کی تعلیم کا انتظام تھا۔ لہذا مزید تعلیم کے لئے آپ کو فتحپور بھیجا گیا۔ جو موہان سے خاصا قریب واقع ہوا تھا۔ جہاں گورنمنٹ ہائی اسکول میں داخلہ لیا۔ ۱۸۹۸ء میں فرسٹ ڈویزن سے میٹرک کے امتحان میں کامیابی حاصل کی۔ اعلی تعلیم کے لئے علی گڑھ کا رخ کیا۔

یکم جون ۱۹۰۳ء میں ”اردوئے معلیٰ“ کا پہلا شمارہ منظر عام پر آیا۔ اس دور میں دو رسائل مخزن اور نیرنگ خیال ادبی دنیا میں اچھا خاصا مقام بنا چکے تھے۔ مگر ”اردوئے معلیٰ“ کو اپنا مقام بناتے دیر نہیں لگی۔ کیونکہ اس رسالے کا مقصد خود ان کی زبان میں ”درستیِ مذاق“ تھا۔ مگر اس رسالے نے سیاسی مضامین بھی چھاپے۔ جس کی بناپر مولانا کو جیل کی ہوا کھانی پڑی۔ حکومت وقت نے بغاوت کے جرم میں ان کو تین مرتبہ قید کیا۔ یعنی انہوں نے کل چھے سال قید خانے میں گزارے اور قید خانے میں ان پر جو کچھ بیتی اسے اپنے رسالے میں ”زنداں نامہ“ کے عنوان سے لکھا جس کے مطالعے سے معلوم

ہوتا ہے کہ ان سے کافی مشقت لی جاتی تھی مئی اور جون کے مہینوں میں چکی پیسنے کی مشقت کوئی معمولی تکلیف نہیں تھی

ہے مشقِ سخن جاری چکی کی مشقت بھی
اک طرفہ تماشا ہے حسرت کی طبیعت بھی

آزادیِ ہند میں انہوں نے بڑھ چڑھ کر حصہ لیا اور اپنا کردار بخیر و خوبی نبھایا۔ خلیق انجم تحریر فرماتے ہیں:

''ہندوستان کی تحریک آزادی کی تاریخ میں مولانا کو وہ مقام نہیں دیا گیا جس کے وہ مستحق تھے۔ بہت کم لوگ جانتے ہیں کہ مولانا حسرت موہانی علی گڑھ یونیورسٹی کے پہلے طالب علم تھے جو جنگ آزادی میں جیل گئے۔ مولانا پہلے ایڈیٹر تھے جن کو قید بامشقت کی سزا ملی''

(اردو ادب، حسرت نمبر، ۱۹۸۱ء، (شمارہ ۱ تا ۴)، صفحہ: ۱۷)

ان کی شاعری میں خصوصی طور پر جو چیز زیادہ نمایاں نظر آتی ہے وہ فراق کا کرب ہے، بے وفائی کا تذکرہ ہے، کسی چیز کے کھونے کا احساس ہے۔ مولانا ماہر القادری نے لکھتے ہیں کہ:

''مولانا حسرت کی قومی اور سیاسی خدمات بھلائی نہیں جا سکتیں، انہوں نے اس وقت انگریزی سامراج کے خلاف علم احتجاج بلند کیا ہے۔ جبکہ اک برص زدہ ''ٹامی'' کو دیکھ کر اچھے اچھوں کے حواس باختہ ہو جاتے تھے۔ ''انگریز دشمنی'' حسرت کی گھٹی میں پڑی تھی۔ وہ اس زمانے میں جیل گئے ہیں جبکہ ہندوستان کے بڑے بڑے لیڈر خس خانوں اور شبستانوں میں رہا کرتے تھے...... مولانا حسرت موہانی کی شعر و ادب کی خدمات بے اندازہ ہیں۔ عروض و بیان اور معانی و نقد پر انہوں نے گرانقدر مضامین لکھے ہیں، قدیم

اساتذہ کے انتخابات شائع کئے ہیں۔ اور اپنی غزلوں سے اردو شاعری کی عزت بڑھائی ہے ....ان کی شاعری سچ مچ" تغزل" کی جان ہے .... مولانا حسرت موہانی اردو اور فارسی کے پہلے اور شاید آخری شاعر ہیں جنہوں نے غزل میں سیاسی افکار کی ترجمانی کی ہے اور لطف یہ ہے کہ تغزل کی سبک روی پر یہ ترجمانی گراں نہیں گزرتی"

(یادرفتگاں، مرتبہ: طالب الہاشمی، ج:۱، صفحہ: ۱۷۰ تا ۱۷۲، ناشر: مکتبۂ نشان راہ، دہلی، ۱۹۸۵ء)

مولانا کی شاعری کی فراق کے درد، سیاست کی بوقلمونی اور نازک خیالی سے تشکیل پاتی ہے۔ فطری طور پر مولانا تواضع پسند تھے۔ اپنے ہم عصروں سے وہ کھل کر ملتے تھے۔ اپنے مخالفین سے بھی اچھا سلوک کرتے تھے۔ قدیم دور کے آدمی تھے اور راس دور کے لوگوں میں ایسی ایسی صفات پائی جاتی تھیں جو آج کے دور میں آہستہ آہستہ ختم ہوتی جارہی ہیں۔

***

مولانا حسرت موہانی کی غزلیں

(۱)

توڑ کر عہد کرم ناآشنا ہو جایئے

بندہ پرور جایئے، پھر سے خفا ہو جایئے

میری تحریر ندامت کا نہ دیجئے کچھ جواب

دیکھ لیجئے اور تغافل آشنا ہو جایئے

جی میں آتا ہے کہ اسی تغافل کیش سے
اب نہ ملئے پھر کبھی اور بے وفا ہو جایئے
ہائے رے بے اختیاری یہ تو سب کچھ ہو مگر
اس سراپا ناز سے کیوں کر خفا ہو جایئے

(۲)

بھلاتا لاکھ ہوں لیکن وہ اکثر یاد آتے ہیں
الٰہی ترک الفت پر وہ کیونکر یاد آتے ہیں
سکون خاطر ناکام کی تکلیف کیا کہئے
جنون و وحشت و فساد و نشتر یاد آتے ہیں
نہ چھیڑ اے ہمنشیں کیفیت صہبا کے افسانے
شراب بے خودی کے مجھ کو ساغر یاد آتے ہیں
رہا کرتے ہیں قید ہوش میں اے وائے ناکامی
وہ دشت خود فراموشی کے چکر یاد آتے ہیں
نہیں آتی تو ان کی یاد مہینوں تک نہیں آتی
مگر جب یاد آتے ہیں تو اکثر یاد آتے ہیں
اسی پر ناز تھا حسرتؔ تجھے ترک محبت پر
تجھے تو اب وہ پہلے سے بھی بڑھ کر یاد آتے ہیں

(۳)

تجھ پہ گرویدہ اک زمانہ رہا
کچھ فقط میں ہی مبتلا نہ رہا
آپ کو اب ہوئی ہے قدرِ وفا
جب کہ میں لائق جفا نہ رہا
جلد سن لی مرے خدا نے میری
صبر کو شکوۂ دعا نہ رہا
حسن خود ہو گیا غریب نواز
عشق محتاجِ التجاء نہ رہا
ہم بھروسہ پہ ان کے بیٹھ رہے
جب کسی کا بھی آسرا نہ رہا
جب سے دیکھی ابوالکلام کی نثر
نظم حسرت میں کچھ مزا نہ رہا

(۴)

تجھ کو پاس وفا ذرا نہ ہوا
ہم سے پھر بھی ترا گلا نہ ہوا

ایسے بگڑے کی پھر جفا بھی نہ کی
دشمنی کا بھی حق ادا نہ ہوا
کٹ گئی احتیاط عشق میں عمر
ہم سے اظہار مدعا نہ ہوا
خم کے خم غیر لے گئے ساقی
ہم کو اک جام بھی عطا نہ ہوا
مر مٹے ہم تو مٹ گئے سب رنج
یہ بھی اچھا ہوا برا نہ ہوا
قانع رنج عشق تھا حسرت
عیش دنیا سے آشنا نہ ہوا

(۵)

حسن بے پرواہ کو خود بیں وخود آراء کر دیا
کیا کیا میں نے کہ اظہار تمنا کر دیا
بڑھ گئیں تم سے تو مل کر اور بھی بے تابیاں
ہم یہ سمجھے تھے کہ اب دل کو شکیبا کر دیا
پڑھ کے تیرا خط مرے دل کی عجب حالت ہوئی
اضطراب شوق نے اک حشر برپا کر دیا

اب نہیں دل کو کسی صورت کسی پہلو قرار
اس نگاہ نازنے کیا سحر ایسا کر دیا

عشق سے تیرے بڑھے کیا کیا دلوں میں ولولے
مہر ذروں کو کیا قطروں کو دریا کر دیا

کیوں نہ ہو تیری محبت سے منور جان و دل
شمع جب روشن ہوئی گھر میں اجالا کر دیا

تیری محفل سے اٹھاتا غیر مجھ کو کیا مجال
دیکھتا تھا میں کہ تونے بھی اشارہ کر دیا

❋ ❋ ❋

خواجہ میر دردؔ

(۱۷۲۰۔۱۷۸۵)

حضرت خواجہ میر درد کے اجداد بخارا کے باشندے تھے۔ سلسلۂ نسب والد کی طرف سے حضرت خواجہ بہاؤالدین نقش بندی سے جا ملتا ہے اور والدہ کی طرف سے حضرت عبدالقادر جیلانی سے۔ والد کا نام خواجہ ناصر تھا۔ جو فارسی کے اچھے شاعر تھے۔ عندلیبؔ تخلص کرتے تھے۔ لفظ خواجہ کے معنی مالک اور سردار کے ہیں۔ یہ لفظ سادات کے لئے بطور خاص استعمال ہوتا تھا۔

۶۶ سال کی عمر میں والد خواجہ ناصر عندلیب کا انتقال ۱۷۷۲ء میں ہوا۔ میر دردؔ ۱۱۱۹ء میں پیدا ہوئے۔ تصوف اور شاعری ورثے میں پائی۔ اوائل عمر سے ہی ان کا رجحان شاعری اور مذہب کی طرف تھا۔ بچپن سے تصنیف و تالیف کا شوق تھا۔ پندرہ سال کی عمر میں رسالہ احکام الصلوٰۃ لکھا۔ اس دور میں کم عمری میں شادی کرنے کا رواج تھا۔ والد نے اسی دوران ان کی شادی کر دی۔ جبکہ ان کی اہلیہ کی عمر صرف ۱۲ سال تھی۔ اس کے بعد تا دم حیات دردؔ اپنے علم سے خلائق کو مستفید کرتے رہے۔ حتی کہ ۱۷۸۵ء میں مالک حقیقی سے جا ملے۔

میر دردؔ کی شاعری تصوف اور تغزل کے رنگ سے منوّر ہے۔ زبان بڑی تیکھی اور رواں دواں تھی۔ ان کے کلام میں آورد نام کو نہ تھا۔ بس آمد ہی آمد تھی۔ اس حوالے سے دردؔ لکھتے ہیں:

”فقیر کے اشعار باوجود رتبۂ شاعری کی روایت کے، پیشۂ شاعری اور اندیشۂ ظاہری کے نتائج نہیں۔ بندے نے کبھی شعر بدون آمد کے آورد سے موزوں نہیں کیا اور بتکلف کبھی سحر شعر و سخن میں مستغرق نہیں ہوا۔ کبھی کسی کی فرمائش اور آزمائش سے متاثر ہو کر شعر نہیں کہے“

دردؔ کی غزلیں متصوفانہ خیالات، معاملہ بندی، نزاکت، حسن خیال، شوخی اور لطافت سے معمور ہیں۔ وہ بڑی نغمگی سے بھرپور مترنم بحروں کا انتخاب کرتے تھے۔ مکالماتی انداز بیان سے ایسا تاثر چھلکتا ہے جو قاری کو اپنی لپیٹ میں پوری طرح لے لیتا ہے۔ وہ روزمرہ کی زبان بڑی بے تکلفی اور خوبصورتی کے ساتھ استعمال کرتے ہیں۔

اللہ تعالیٰ نے انسان کو نور یا نار کا انتخاب کرنے کا اختیار دیا ہے اگر انسان راہ حق کا راہی ہو جائے تو اس کی افضلیت فرشتوں سے بڑھ جاتی ہے۔ اسی عظمت کا اظہار دردؔ کے متعدد شعروں میں ہمیں محسوس ہوتا ہے ۔

تر دامنی پہ شیخ ہماری نہ جائیو
دامن نچوڑ دیں تو فرشتے وضو کریں

ارض و سماں کہاں تری وسعت کو پا سکے
میرا ہی دل ہے وہ کہ جہاں تو سما سکے

شمس العلماء مولوی سید امداد امام اثرؔ لکھتے ہیں:

”خواجہ میر دردؔ کی غزل سرائی نہایت اعلیٰ درجے کی ہے۔ سوز و گداز میں ان کے جواب میں میر تھا یا آپ اپنا جواب تھے۔ واردات قلبیہ کے مضامین ایسے باندھتے تھے کہ سودا ان تک نہ پہونچتے تھے۔ ہر چند خواجہ کا دیوان مختصر ہے۔ مگر قریب قریب انتخاب کا حکم رکھتا ہے“

(دیوان دردؔ۔ مرتبہ: فاروق ارگلی۔ صفحہ: ۵)

نکات الشعراء میں میرؔ نے آپ کا تذکرہ بڑے احترام بھرے اور محبت بھرے الفاظ میں کیا ہے:

"خواجہ میر التخلص بدردؔ جوش بہار گلستان سخن عندلیب خوش خوان چمن ایں فن، زبان گفتگو پیش گرہ کشائے زلف شام مدعا........شاعر زور آور در ریختہ، خلیق، متواضع ، آشنائے درست، شعر فارسی ہم می گوید امابیشتر رباعی، گرمی بازارو وسعت مشرب اوست"

(نکات الشعراء۔ مصنفہ: خواجہ میر تقی میرؔ ۔ مرتبہ: مولوی عبد الحق۔ مطبوعہ: ۱۹۳۵ء صفحہ: ۵۰)

دردؔ کی مندرجہ ذیل کتابیں یادگار زمانہ ہیں: رسالۂ اسرار الصلوۃ، رسالۂ واردات، علم الکتاب، رسالۂ اربعہ، نالۂ درد، آہ سرد، درد نہاں، شمع محفل، دیوان فارسی، دیوان اردو۔

***

خواجہ میر درد کی غزلیں

(۱)

مدرسہ یا دیر تھا کعبہ تھا یا بت خانہ تھا

ہم سبھی مہماں تھے واں تو ہی صاحب خانہ تھا

وائے نادانی کہ وقت مرگ یہ ثابت ہوا

خواب تھا جو کچھ کہ دیکھا جو کچھ سنا افسانہ تھا
حیف! کہتے ہیں ہوا گلزار تاراج سخن
آشنا اپنا بھی واں اک سبزۂ بیگانہ تھا
ہو گیا مہماں سرائے کثرت موہوم سے
وہ دل خالی کہ تیرا خاص خلوت خانہ تھا
بھول جا خوش رہ عبث وہ سابقے مت یاد کر
درد یہ مذکور کیا ہے، آشنا تھا یا نہ تھا

(۲)

اگر یوں ہی یہ دل ستاتا رہے گا
تو اک دن مرا جی ہی جاتا رہے گا
میں جاتا ہوں دل کو ترے پاس چھوڑے
مری یاد تجھ کو دلاتا رہے گا
گلی سے تری دل کو لے تو چلا ہوں
میں پہونچوں گا جب تک یہ آتا رہے گا
جفا سے غرض امتحان وفا ہے
تو کہہ کب تلک آزماتا رہے گا
قفس میں کوئی تم سے اے ہم صفیرو
خبر گل کی ہم کو سناتا رہے گا
خفا ہو کہ اے درد مر تو چلا تو

کہاں تک غم اپنا بھلاتا رہے گا

(۳)

ہم تجھ سے کس ہوس کی فلک جستجو کریں
دل ہی نہیں رہا ہے جو کچھ آرزو کریں
تر دامنی پہ شیخ ہماری نہ جائیو
دامن نچوڑ دیں تو فرشتے وضو کریں
ہر چند آئینہ ہوں پر اتنا ہوں ناقبول
منہ پھیر لے وہ جس کے مجھے روبرو کریں
نے گل کو ہے ثبات نہ ہم کو ہے اختیار
کس بات پر چمن ہوس رنگ و بو کریں
ہے اپنی یہ صلاح کہ سب زاہدان شہر
اے درد آ کے بیعت دستِ سبو کریں

(۴)

ارض و سماء کہاں تری وسعت کو پا سکے
میرا ہی دل ہے وہ کہ جہاں تو سما سکے
وحدت میں تیری حرف دوئی کا نہ آ سکے
آئینہ کیا مجال تجھے منہ دکھا سکے
قاصد نہیں یہ کام تیرا اپنی راہ لے

اس کا پیام دل کے سوا کون لا سکے
غافل خدا کی یاد پہ مت بھول زینہار
اپنے بھلاوے اگر تو بھلا سکے
اطفائے نار عشق نہ ہو آب اشک سے
یہ آگ وہ نہیں جسے پانی بجھا سکے
مست شراب عشق وہ بے حس ہے جس کو حشر
اے درد چاہے لائے بخود پھر نہ لا سکے

(۵)

تہمتیں چند اپنے ذمے دھر چلے
جس لئے آئے تھے سو ہم کر چلے
زندگی ہے یا کوئی طوفان ہے
ہم تو اس جینے کے ہاتھوں مر چلے
شمع کے مانند ہم اس بزم میں
چشم تر آئے تھے دامن تر چلے
ڈھونڈتے ہیں آپ سے اس کو پرے
شیخ صاحب چھوڑ گھر باہر چلے
ہم نہ جانے پائے باہر آپ سے
وہ ہی آڑے آگیا جیدھر چلے
ہم جہاں میں آئے تھے تنہا و لے

ساتھ اپنے اب اسے لے کر چلے
جوں شرر اے ہستی بے بود یاں
بارے ہم بھی اپنی باری بھر چلے
ساقیا! یاں لگ رہا ہے چل چلاؤ
جب تلک بس چل سکے ساغر چلے
درد کچھ معلوم ہے یہ لوگ سب
کس طرف سے آئے تھے کیدھر چلے

***

ظہیر دانش عمری کی عنقریب آنے والی کتابیں

(۱)   چند اہم شاعرات
(۲)   سہیل اختر کی منفرد غزل
(۳)   غزل خوشبو
(۴)   تابہ فلک مضامین
(۵)   حافظ کرناٹکی بچوں کا ادیب
(۶)   وکیل نجیب غیر معمولی ادیب
(۷)   حیدر قریشی: شاعر ناقد و نثر نگار
(۸)   ڈاکٹر ساغر جیدی شخصیت و شاعری
(۹)   ماہنامہ مصحف ۔ تنقیدی مطالعہ